이상한 나라의 앨리스
모빌 아트 북

그 시절 우리가 사랑했던 앨리스를 만나다

글·그림 오리여인

위즈덤스타일

"늦었어! 너무 늦어버렸다고!"
무엇이 그리 바쁜지 중얼거리며 뛰어가는 토끼를
발견한 호기심 많은 앨리스. 가만히 보고 있지 못하고
뒤를 따라가기 시작했어요.

엉뚱한 호기심은 늘 우리를 재미있는 세상으로 데려가요. 하지만 이 호기심이라는
것은 자꾸만 나이와 함께 시들해지고 말지요. 그래서 어른들은 자꾸만
삶을 지루하고 무료하게 느끼는지도 몰라요.

"어머! 이렇게 자꾸 떨어지다간
지구 반대편까지 닿겠어!"
앨리스가 따라 들어간 토끼 굴은
참으로 이상한 나라처럼 느껴졌어요.
그곳에는 몸이 커지는
"나를 마셔요"라는 물병과 몸이
줄어드는 "나를 먹어요"라는
쿠키도 놓여 있었어요.

어디론가 떠난다는 것은 단순히 몸이 떠나는 것이 아니에요.
지금껏 알지 못했던 장소와 사람들 사이에서 맞이하는
새로운 경험은, 우리를 자꾸만 변하게 만들 거예요.

EAT ME
DRINK ME
LOVE is you

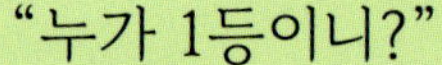
"누가 1등이니?"
쿠키를 먹고 몸이 작아진 앨리스가 문을 열고 나가자 오리여인들이
떼를 지어 코커스 경기를 하는 모습이 보였어요. 호수에 들어갔다 나와서
재빨리 몸을 말린 사람이 이기는 경기였지요.

사실 1등이라는 것은 그리 중요하지 않아요. 스스로 느끼는 성취감과 만족감이
중요하지요. 게다가 우리가 꼭 멋지고 훌륭한 일을 해내야 하는 것은 아니에요.
아주 작은 것부터, 할 수 있는 일을 해냈을 때 나의 마음. 그걸 가장 소중히 여기세요.

"마리안느! 어서 집에 들어가서 부채와 장갑을 가져오거라."
저 멀리 뛰어가는 시계 토끼를 발견한 앨리스는 곧장 쫓아갔어요.
토끼는 고개를 돌려 앨리스를 보더니 느닷없이 마리안느라고 부르며
어서 집에 들어가 부채와 장갑을 찾아오라고 큰 소리로 호통을 쳤어요.

인연이라는 것은 언제 어떻게 찾아오는지 모르기에 늘 소중해요.
더구나 내가 누군가를 필요로 하는 그 순간, 내 곁에 있어주는 사람과의
인연이라면 더 특별하고 소중하게 여겨주세요.

"나를 마셔요!"
토끼의 집 안으로 들어간 앨리스는 "나를 마셔요"라고
쓰여 있는 유리병을 발견했어요.
앨리스는 별다른 고민 없이 유리병에 든 액체를 마셨고
곧 몸이 집채만 하게 커졌답니다. 토끼와 친구들은
그 모습을 보고 돌을 던졌어요.

모든 사람에게 사랑받을 수는 없어요. 생각해보면 나에게도 좋아하는
것, 싫어하는 것이 분명 있지 않나요? 그러니 미움받는 것에 그리 마음
쓰지 말아요.

"제발 살려줘!"
눈앞에 떨어진 돌이 쿠키로 변했어요. 앨리스가 허겁지겁 쿠키를
먹자 그만 몸이 너무 많이 줄어들어버렸어요. 토끼를 피해 숲으로
달아난 앨리스는 그곳에서 아주 커다란 타투를 한 강아지와
마주치게 되었어요.

인연이라는 것은 참 묘해요. 잠시 동안 혹은 오랜 기간 헤어졌더라도, 어느 날 문득
보고 싶던 사람이 내 앞에 다시 서 있기도 하니까요. 그러니 헤어짐을 너무 많이
아쉬워하지 말아요.

SS
MY MOM

"아저씨는 다 알고 계시죠?"
숲속을 달리고 달리던 끝에 담배를 피우고 있던 송충이
아저씨와 마주쳤어요. 앨리스는 나이 많은 송충이 아저씨에게
어떻게 하면 지금보다 몸이 커질 수 있는지 물었어요.

시간이란 삶을 알아가는 흐름이고, 나이란 무언가를 하나씩 더 깨우쳤다는
의미인지도 몰라요. 그래서 우리는 가끔 옆집 할아버지의 말에 귀를 기울일 필요도
있어요. 그분 말 속에 인생의 힌트가 숨어 있을 수도 있잖아요.

'난 어디로 가야 할까?'
송충이 아저씨가 알려준 대로 버섯을 먹고 몸을 크게, 또 작게
바꿔가면서 무작정 후추냄새가 나는 집으로 향했어요.
길에서 고양이를 만난 앨리스는 이제 어디로 가야 하냐고
물어보았답니다. 고양이는 3월의 토끼와 모자장수가 있는 곳을
알려주면서, 그곳에서 모자가 주렁주렁 달린 나무를 볼 수 있을
거라 했어요.

인생은 늘 고민투성이에요. 어디로 가야 할지, 길도 잘 보이지 않지요.
하지만 그렇다고 멈춰 서 있으면 아무것도 변하지 않아요. 아주 사소한 것이라도
조금씩 움직이고 도전할 때 인생은 내가 원하는 방향으로 흘러가기 시작해요.

"어디든지 가고 싶은 곳으로 가세요."
곧 모자장수와 느려 보이는 달팽이 택배원 그리고 3월의 토끼를
만날 수 있었어요. 하지만 그들의 이야기는 너무나 길고
지루했어요. 어찌나 지루하던지 옆에 있던 다람쥐는 나무그늘
밑에서 잠만 잤어요. 앨리스는 재미없는 그들의 이야기를
뒤로하고 다시 길을 떠났답니다.

자유로운 사람은 두려움 없이 담대해요. 그래서 아무도 할 수 없을 것 같은 일도
스스럼없이 해 나가고, 힘든 상황에서도 좌절하지 않고 나아갑니다. 무엇에도
얽매이지 않고 나의 길을 나아가는 사람. 그런 어른이 된다면 얼마나 근사할까요.

Service
QUICK
SALE
2 + 1

"당신은 참 못된 여왕이에요."
앨리스는 정원 입구에서 꽃을 빨갛게 칠하고 있는 광경을
목격했어요. 그곳에는 조금만 마음에 들지 않으면 "목을 베라"고
외치는 하트여왕과 그걸 말리는 왕이 있었지요.

저마다 다른 생각, 마음을 갖고 살아가요. 이렇게나 다른 우리가 함께한다는 건
정말 어려운 일이에요. 그래서 좋은 관계란 '서로 이해하려고 노력하는 것'이겠지요.
그리고 그 노력은 서로를 더 단단하게 만들어주는 접착제처럼 쓰일 거예요.

"친해지고 싶으면 평등해져야 해요."
하트 여왕은 마음대로 다른 사람의 목을 베서는 안 된다고
단호하게 말하는 앨리스가 썩 마음에 들었어요. 그래서 크리켓
경기도 함께 하기로 했지요. 하지만 알고 보면 여왕에게
유리하게 짜인 경기였어요.

잘못된 걸 알면서도 당장 내가 편한 길을 가고 싶은 마음이 들 때가 있지요.
그러면 바라는 것을 쉬이 얻거나 남들보다 빨리 갈 수는 있겠지만, 마음은 고독하고
외로워질 뿐입니다. 함께 보듬고 나누는 선택을 할 때, 더 큰 따스함과 행복을
얻을 수 있지 않을까요?

"한없이 미워하기, 끝없이 사랑하기."
크리켓 경기가 끝나자 하트 여왕은 앨리스를 가짜 거북이와
그리폰이 있는 곳으로 데려갔어요. 가짜 거북이는 그동안 배운
이야기를 늘어놓았어요.

사랑하는 법과 미워하는 법을 배울 수만 있다면 얼마나 좋을까요.
하지만 이런 것들은 배우고 연습하며 익히는 것이 아니에요.
아무리 배워도 우리의 감정은 마음이 시키는 대로 따르기 마련이니까요.

"여왕이 만든 빵을 훔친 사람이 누군지
당장 말해!"
갑자기 재판이 시작된다는 소리가
울려 퍼졌어요. 그들도 재빨리
재판장으로 달려갔어요. 빵 냄새로
가득 찬 재판장 안에서 모두들
빵 도둑을 찾고 있었어요.
빵은 어디로 간 걸까요?

우리는 늘 나에게 없는 것만을 찾고, 가질 수 없어 힘들어해요. 하지만 많이
가졌다고 다 행복한 건 아니에요. 많이 가진 사람들은 자기가 얼마나
가졌는지도 잘 모르거든요. 그래서 많이 갖고도 불행한 사람은 웃음보다
불평이 더 많아요.

"아무도 훔치지 않았어요."
재판장 안에서 갑자기 몸이 커진 앨리스는 용기를 내어 빵은
처음부터 없어지지 않았다고 말했어요. 누구도 그 빵을
훔치지 않았다고 말이지요.

혹시나 상처받을까 두려워, 해야 할 말을 삼킨 적은 없나요?
꽃이 피기 전, 꽃은 근사한 용기를 가져야 해요. 뜨거운 햇빛을 정면으로
바라보아야 하고, 내리는 비를 고스란히 맞을 수도 있다는 것을 알고 있거든요.
그럼에도 두려워하지 않고 활짝 꽃잎을 펼쳐요. 용기란 바로 이런 것이에요.

그 순간 갑자기 무수히 많은 카드가 화가 난 듯 앨리스를 덮쳤어요.
앨리스는 재빨리 달리기 시작했어요. 또 다른 이상한 나라,
거울나라를 향해서 말이지요.

고민에 빠지면 우리는 현실보다 더 고통스럽고 끔찍한 결과를
상상해요. 하지만 상상을 멈출 수가 없어요. 천만가지 얼굴을
가진 상상은 가끔 아주 달콤한 꿈을 주기도 하거든요.
모든 아픔을 잊게 하는 그런 다정한 꿈 같은 걸 말이지요.

오리여인

글을 쓰고, 그림을 그리는 사람.
개성 있는 그림과 따뜻한 글로 17만 명의 팔로워들과 소통하고 있다.
저서로는 《우리말 꽃이 피었습니다》, 《마음이 보이면》, 《수상한 드로잉 노트》가 있다.

페이스북 페이지: www.facebook.com/theladyduck.illust
인스타그램: www.instagram.com/theladyduck
카카오톡 플러스 친구 찾기: 오리여인

그 시절 우리가 사랑했던 앨리스를 만나다
이상한 나라의 앨리스 모빌 아트 북

초판 1쇄 인쇄 2017년 6월 12일 초판 1쇄 발행 2017년 6월 19일

지은이 오리여인
펴낸이 연준혁

출판 2본부 이사 이진영
출판 2분사 분사장 박경순
책임편집 김하나리
디자인 강경신

펴낸곳 (주)위즈덤하우스 미디어그룹 출판등록 2000년 5월 23일 제13-1071호
주소 경기도 고양시 일산동구 정발산로 43-20 센트럴프라자 6층
전화 031)936-4000 팩스 031)903-3893 홈페이지 www.wisdomhouse.co.kr

값 18,000원
오리여인ⓒ2017
ISBN 978-89-98010-59-1 [14630]
ISBN 978-89-98010-61-4 (세트)

• 잘못된 책은 바꿔드립니다.
• 이 책의 전부 또는 일부 내용을 재사용하려면 반드시 사전에
  반드시 사전에 저작권자와 ㈜위즈덤하우스 미디어그룹의 동의를 받아야 합니다.

• 이 도서의 국립중앙도서관 출판예정도서목록(CIP)은 서지정보유통지원시스템 홈페이지(http://seoji.nl.go.kr)와
  국가자료공동목록시스템(http://www.nl.go.kr/kolisnet)에서 이용하실 수 있습니다.(CIP제어번호: CIP2017012966)